AF277071

DISCURSO SOBRE LA SERVIDUMBRE VOLUNTARIA

Legu, kopiu, diskonigu, reverku,
kantu, muzikigu, kriu, recitu
êi Libron, Diskonigu la Ideon!

Llegiu, copieu, difoneu, reescriviu,
canteu, musiqueu, crideu, reciteu
aquest Llibre, Difoneu la Idea!

Discurso sobre la servidumbre voluntaria

Texto: Étienne de la Boétie
Edición: Jordi Maíz | Raúl Montilla

pequeños pretéritos, n. 01, 11x16 cm, 78 p., 2026

CALUMNIA EDICIONS
info@calumnia-edicions.net

abril de 2026
ISBN 979-13-991244-4-6
DL: PM-00209-2026

DISCURSO SOBRE LA SERVIDUMBRE VOLUNTARIA

ÉTIENNE DE LA BOÉTIE

1576

No veo un bien en la soberanía de muchos; uno solo sea amo, uno solo sea rey. Así hablaba en público Ulises, según Homero. Si hubiera dicho simplemente: *No veo bien alguno en tener a varios amos*, habría sido mucho mejor. Pero, en lugar de decir, con más razón, que la dominación de muchos no puede ser buena ya que la de uno solo, en cuanto asume su naturaleza de amo, ya suele ser dura e indignante, añadió todo lo contrario: "Uno solo sea amo, uno solo sea rey".

No obstante, debemos perdonar a Ulises, quien, entonces, se vio obligado a utilizar este lenguaje para aplacar la sublevación del ejército, adaptando, según creo, su discurso a las circunstancias más que a la verdad. Pero, en conciencia, ¿acaso no es una desgracia extrema la de estar sometido a un amo del que jamás podrá asegurarse que es bueno porque dispone del poder de ser malo cuando quiere? Y, obedeciendo a varios amos, ¿no se es tantas veces más desgraciado? No quiero, de momento, debatir tan trillada cuestión: a saber, si las otras formas de república son mejores que la monarquía. De debatirla, antes de saber qué lugar debe ocupar la monarquía entre las distintas maneras de gobernar la cosa pública, habría que saber si hay incluso que concederle un lugar, ya que resulta difícil creer que haya algo público en un gobierno en el que *todo* es de *uno*.

Pero reservemos para otra ocasión esta cuestión, que merece ser tratada por separado y podría provocar por sí sola todas las discusiones políticas posibles. De momento, quisiera tan sólo entender cómo pueden tantos hombres, tantos pueblos, tantas ciudades, tantas naciones soportar a veces a un solo tirano, que no dispone de más poder que el que se le otorga, que no tiene más poder para causar perjuicios que el que se quiera soportar y que no podría hacer daño alguno de no ser que se prefiera sufrir a contradecirlo. Es realmente sorprendente —y, sin embargo, tan corriente que deberíamos más bien deplorarlo que sorprendernos— ver cómo millones y millones de hombres son miserablemente sometidos y son juzgados, la cabeza gacha, a un deplorable yugo, no porque se vean obligados por una fuerza mayor, sino, por el contrario, porque están fascinados y, por decirlo así, embrujados por el nombre de *uno*, al que no deberían ni temer (puesto que está *solo*), ni apreciar (puesto que se muestra para con ellos inhumano y salvaje). ¡Grande es, no obstante, la debilidad de los hombres! Obligados a obedecer y a contemporizar, divididos y humillados, no siempre pueden ser los más fuertes. Así pues, si una nación, encadenada por la fuerza de las armas, es sometida al poder de uno solo (como la ciudad de Atenas a la dominación de los treinta tiranos), no deberíamos extrañarnos de que sirva, debemos tan sólo lamentar su servidumbre; o, mejor dicho, no deberíamos ni extrañarnos ni lamentarnos, sino más bien llevar el mal con resignación y reservarnos para un futuro mejor.

Nuestra naturaleza es tal que los deberes cotidianos de la amistad absorben buena parte de nuestras vidas. Es natural amar la virtud, estimar las buenas acciones, agradecer el bien recibido e incluso, con frecuencia, reducir nuestro propio bienestar para mejorar el de aquellos a quienes amamos y que merecen ser amados. Así pues, si los habitantes de un país encontraran entre ellos a uno de esos pocos hombres capaces de darles reiteradas pruebas de su predisposición a inspirarles seguridad, gran valentía en defenderlos y gran prudencia en guiarlos; si se acostumbraran paulatinamente a obedecerle y a confiar tanto en él como para concederle cierta supremacía, creo que sería preferible devolverle al lugar donde hacía el bien que colocarlo allí donde es muy probable que haga el mal. Empero, es al parecer muy normal y muy razonable mostrarse buenos con aquel que tanto bien nos ha hecho y no temer que el mal nos venga precisamente de él.

Pero, ¡oh, Dios mío!, ¿qué ocurre? ¿Cómo llamar ese vicio, ese vicio tan horrible? ¿Acaso no es vergonzoso ver a tantas y tantas personas, no tan sólo obedecer, sino arrastrarse? No ser gobernados, sino tiranizados, sin bienes, ni parientes, ni mujeres, ni hijos, ni vida propia. Soportar saqueos, asaltos y crueldades, no de un ejército, no de una horda descontrolada de bárbaros contra la que cada uno podría defender *su vida* a costa de su sangre, sino únicamente de uno solo. No de un Hércules o de un Sansón, sino de un único hombrecillo, las más de las veces el más cobarde y afeminado de la nación, que no ha siquiera husmeado una sola vez la pólvora de los campos de batalla, sino apenas la arena de los torneos, y que es incapaz no sólo de mandar a los hombres, ¡sino también de satisfacer a la más miserable mujerzuela! ¿Llamaremos eso cobardía? ¿Diremos que los que se someten a semejante yugo son viles y cobardes? Si dos, tres y hasta cuatro hombres ceden a uno, nos parece extraño, pero es posible; en este caso, y con razón, podríamos decir que les falta valor. Pero si cien, miles de hombres se dejan someter por uno solo, ¿seguiremos diciendo que se trata de falta de valor, que no se atreven a atacarlo, o más bien que, por desprecio o desdén, no quieren ofrecerle resistencia? En fin, si viéramos, ya no a cien ni a mil hombres, sino cien países, mil ciudades, a un millón de hombres negarse a atacar, a aniquilar al que, sin reparos, los trata a todos como a siervos y esclavos, ¿cómo llamaríamos eso? ¿Cobardía? Es sabido que hay un límite para todos los vicios que no se puede traspasar. Dos hombres, y quizá diez, pueden temer a uno. ¡Pero que mil, un millón, mil ciudades no se defiendan de uno, no es siquiera cobardía! Asimismo, el valor no exige que un solo hombre tome de asalto una fortaleza, o se enfrente a un ejército, o conquiste un reino. Así pues, ¿qué es ese monstruoso vicio que no merece siquiera el nombre de cobardía, que carece de toda expresión hablada o escrita, del que reniega la naturaleza y que la lengua se niega a nombrar?

Que se pongan a un lado y a otro a mil hombres armados, que se los prepare para atacar, que entren en combate, unos luchando por su libertad, los otros para quitársela: ¿de quiénes creéis que será la victoria? ¿Cuáles se lanzarán con más gallardía al campo de batalla: los que esperan como recompensa el mantenimiento de su libertad, o los que no pueden esperar otro premio a los golpes que asestan o reciben que la servidumbre del adversario? Unos llevan siempre como bandera la felicidad de su vida pasada y la esperanza de un bienestar similar en el porvenir; no piensan tanto en las penalidades y en los sufrimientos momentáneos de la batalla como en todo aquello que, si fueran vencidos, deberían soportar para siempre, ellos, sus hijos y toda la posteridad. Los otros, en cambio, no tienen mayor incentivo que la codicia, que, con frecuencia, se mitiga ante el peligro y cuyo ficticio ardor se desvanece con la primera herida. En batallas tan famosas como las de Milcíades, Leónidas y Temístocles, que tuvieron lugar hace dos mil años y que están tan frescas en la memoria de los libros y de los hombres como si acabaran de celebrarse, ¿qué dio —para mayor gloria de Grecia y ejemplo del mundo entero— a tan reducido número de griegos, no el poder, sino el valor de contener aquellas formidables flotas que el mar apenas podía sostener, de luchar y vencer a tantas naciones, cuyos capitanes enemigos todos los soldados griegos juntos no habrían podido rivalizar en número? En aquellas gloriosas jornadas, no se trataba tanto de una batalla entre griegos y persas como de la victoria de la libertad sobre la dominación, de la generosidad sobre la codicia.

¡Son realmente fabulosos los relatos de gloriosas gestas que la libertad inscribe en el corazón de aquellos que la defienden! Pero, ¿quién creería, si sólo lo oyera y no lo viera, que en todas partes, cada día, un solo hombre somete y oprime a cien mil ciudades privándolas de su libertad? Si sucediera en un país lejano y alguien viniera a contárnoslo, ¿quién creería que no es pura invención? Sin embargo, si un país no consintiera dejarse caer en la servidumbre, el tirano se desmoronaría por sí solo, sin que haya que luchar contra él, ni defenderse de él. La cuestión no reside en quitarle nada, sino tan sólo en no darle nada. Que una nación no haga esfuerzo alguno, si quiere, por su felicidad; ahora bien, que no se forje ella misma su propia ruina. Son, pues, los propios pueblos los que se dejan, o, mejor dicho, se hacen encadenar, ya que con sólo dejar de servir, romperían sus cadenas. Es el pueblo el que se somete y se degüella a sí mismo; el que, teniendo la posibilidad de elegir entre ser siervo o libre, rechaza la libertad y elige el yugo; el que consiente su mal, o, peor aún, lo persigue. Si le costara algo recobrar la libertad, no tendría por qué darse prisa alguna, aunque recuperar los derechos naturales y, de bestia, volver a ser hombre deberían ser las cosas que más tendría que desear. Sin embargo, no exijo de él tanto valor: no quiero siquiera que ambicione no sé qué seguridad de vivir algo más desahogadamente. Pero ¿es que no está claro? Si, para obtener la libertad, no hay más que desearla; si, para ello, basta con quererla, ¿habrá nación alguna en el mundo que estime su precio aún demasiado elevado para obtenerla mediante un simple deseo? ¿Quién puede lamentar el sentir la voluntad de recobrar un bien que debe ser reconquistado a costa de la propia vida, pues su pérdida amarga la existencia de cualquier hombre de honor y convierte la muerte en un alivio? Al igual que el fuego de una pequeña chispa se hace grande y no cesa de crecer, pues cuanta más leña encuentra a su paso más abrasa, aunque acaba por consumirse y apagarse por sí solo si se lo deja de alimentar, los tiranos, cuanto más saquean, más exigen, cuanto más arruinan y destruyen, más se los alimenta y más se los ceba; se consolidan entonces aún más y se hacen siempre más fuertes con el fin de aniquilar y arrasarlo todo. Pero, si no les diéramos nada, si no les obedeciéramos, aun sin luchar contra ellos ni atacarlos, se quedarían desnudos y vencidos, al igual que el árbol, cuyas raíces ya no reciben savia, pasa a ser muy pronto un tronco seco y muerto.

Para obtener el bien que desea, el hombre emprendedor no teme el peligro, ni el trabajador sus penas. Sólo los cobardes, y los que ya están embrutecidos, no saben soportar el mal, ni obtener el bien con el que se limitan a soñar. La energía de ambicionar ese bien les es arrebatada por su propia cobardía; no les queda más que soñar con poseerlo. Ese deseo, esa voluntad innata, propia de cuerdos y locos, de valientes y cobardes, les hace ansiar todo aquello cuya posesión los hará sentirse felices y satisfechos. Hay, no obstante, una cosa, una sola, que los hombres, no sé por qué, no tienen siquiera la fuerza de desear: la libertad, ese bien tan grande y placentero cuya carencia causa todos los males; sin la libertad todos los demás bienes corrompidos por la práctica cotidiana de la servidumbre pierden por completo su gusto y su sabor. Los hombres sólo desdeñan, al parecer, la libertad, porque, de lo contrario, si la desearan realmente, la tendrían. Actúan como si se negaran a conquistar tan precioso bien únicamente porque se trata de una empresa demasiado fácil.

¡Pobres y miserables gentes, pueblos insensatos, naciones obstinadas en vuestro propio mal y ciegas a vuestro bien! Dejáis que os arrebaten, ante vuestras mismas narices, la mejor y más clara de vuestras rentas, que saqueen vuestros campos, que invadan vuestras casas, que las despojen de los viejos muebles de vuestros antepasados. Vivís de tal suerte que ya no podéis vanagloriaros de que lo vuestro os pertenece. Es como si considerárais ya una gran suerte el que os dejen tan sólo la mitad de vuestros bienes, de vuestras familias y de vuestras vidas. Y tanto desastre, tanta desgracia, tanta ruina no proviene de muchos enemigos, sino de un único enemigo, aquel a quien vosotros mismos habéis convertido en lo que es, por quien hacéis con tanto valor la guerra y por cuya grandeza os jugáis constantemente la vida en ella. No obstante, ese amo no tiene más que dos ojos, dos manos, un cuerpo, nada que no tenga el último de los hombres que habitan el *infinito número* de nuestras ciudades. De lo único que dispone además de los otros seres humanos es de un corazón desleal y de los medios que vosotros mismos le brindáis para destruiros. ¿De dónde ha sacado tantos ojos para espiaros si no es de vosotros mismos? Los pies con los que recorre vuestras ciudades, ¿acaso no son también los vuestros? ¿Cómo se atrevería a imponerse a vosotros si no gracias a vosotros? ¿Qué mal podría causaros si no contara con vuestro acuerdo? ¿Qué daño podría haceros si vosotros mismos no encubriérais al ladrón que os roba, cómplices del asesino que os extermina y traidores de vuestra condición? Sembráis vuestros campos para que él los arrase, amuebláis y llenáis vuestras casas de adornos para abastecer sus saqueos, educáis a vuestras hijas para que él tenga con quien saciar su lujuria, alimentáis a vuestros hijos para que él los convierta en soldados (y aún deberán alegrarse de ello) destinados a la carnicería de la guerra, o bien para convertirlos en ministros de su codicia o en ejecutores de sus venganzas. Os matáis de fatiga para que él pueda remilgarse en sus riquezas y arrellanarse en sus sucios y viles placeres. Os debilitáis para que él sea más fuerte y más duro, así como para que os mantenga a raya más fácilmente. Podríais liberaros de semejantes humillaciones —que ni los animales soportarían— sin siquiera intentar hacerlo, únicamente queriendo hacerlo. Decidíos, pues, a dejar de servir, y seréis hombres libres. No pretendo que os enfrentéis a él, o que lo tambaleéis, sino simplemente que dejéis de sostenerlo. Entonces veréis cómo, cual un gran coloso privado de la base que lo sostiene, se desplomará y se romperá por sí solo. Los médicos dicen que es inútil intentar curar llagas incurables, y quizá por eso no actúe yo con sensatez al intentar hacer reflexionar a aquellos que han perdido desde hace mucho tiempo todo conocimiento y ya no sienten el mal que los aflige, pues eso confirma que su enfermedad es mortal. Procuremos descubrir, no obstante, si podemos, cómo se arraiga esa pertinaz voluntad de servir que podría dejarnos suponer que, en efecto, el amor a la libertad no es un hecho natural.

Ante todo, no cabe duda, creo, que si viviéramos en posesión de los derechos que la naturaleza nos ofrece y según los preceptos que nos enseña, estaríamos probable y naturalmente sometidos a nuestros padres y al uso de nuestra razón, pero jamás seríamos siervos de nadie. Cada cual siente en sí, en su propia naturaleza, el impulso instintivo de la obediencia paterna y materna. En cuanto a saber si el motivo de esa obediencia es innata o no en nosotros, debería ser objeto de un detenido debate entre académicos y de una reflexión a fondo en las escuelas de filósofos. De momento, no creo equivocarme diciendo que hay en nuestra alma una semilla natural de razón que, cultivada por los buenos consejos, hace brotar en nosotros la virtud, mientras, por el contrario, ahogada por los vicios que, con demasiada frecuencia, nos agobian, aborta asfixiada por ellos. Pero si algo hay claro y evidente para todos, si algo hay que nadie podría negar, es que la naturaleza, ministro de Dios, bienhechora de la humanidad, nos ha conformado a todos por igual y nos ha sacado de un mismo molde para que nos reconozcamos como compañeros, o, mejor dicho, como hermanos. Y, si, en el reparto que nos hizo de sus dones, prodigó alguna ventaja corporal o espiritual a unos más que a otros, jamás pudo querer ponernos en este mundo como en un campo acotado y no ha enviado aquí a los más fuertes ni a los más débiles. Debemos creer más bien que, al hacer el reparto, a unos más, a otros menos, quería hacer brotar en los hombres el afecto fraternal y ponerlos en situación de practicarlo, al tener, los unos, el poder de prestar ayuda y, los otros, de recibirla. Así pues, ya que esta buena madre nos ha dado a *todos* toda la tierra por morada, de cierto modo nos ha alojado a *todos* bajo el mismo techo y nos ha perfilado *a todos* según el mismo patrón, a fin de que cada cual pueda, como en un espejo, reconocerse en el vecino; si nos ha dado a *todos* ese gran don que son la voz y la palabra para que nos relacionemos y confraternicemos y, mediante la comunicación y el intercambio de nuestros pensamientos, nos lleva a compartir ideas y deseos; si ha procurado por todos los medios conformar y estrechar el nudo de nuestra alianza y los lazos de nuestra sociedad; si, finalmente, ha manifestado en *todas* las cosas el deseo de que estuviéramos, no sólo unidos, sino también que, juntos, no formáramos, por decirlo así, más que un solo ser, ¿cómo podríamos dudar de que somos *todos* naturalmente libres, puesto que somos todos compañeros? Y ¿podría caber en la mente de nadie que, al darnos a *todos* la misma compañía, la naturaleza haya querido que *algunos* fueran esclavos?

A decir verdad, no vale la pena preguntarse si la libertad es natural, puesto que no se puede mantener a ningún ser en estado de servidumbre sin hacerle daño: no hay nada en el mundo más contrario a la naturaleza, llena de razón siempre, que la injusticia. Queda, pues, por decir, que la libertad es natural y que, en mi opinión, no sólo nacemos con nuestra libertad, sino también con la voluntad de defenderla. Y si aún queda, por casualidad, alguien que siga dudando y que esté tan envilecido como para no reconocer los bienes y los afectos innatos que le son propios, tendré que rendirle los honores que se merece y colocar, por así decirlo, a esa bestia en estado bruto en situación de enseñarle cuál es su auténtica naturaleza y condición. ¡Que Dios me ayude! Si los hombres quisieran oírlo, les gritaría: ¡Viva la libertad! Es sabido que algunas bestias mueren tan pronto como son apresadas. Al igual que el pez pierde la vida cuando se lo saca del agua, muchos animales se dejan morir para no sobrevivir a su libertad natural perdida. (Si los animales estuvieran divididos en rangos y preeminencias, convertirían, en mi opinión, la libertad en su más noble prenda). Otros, de los más grandes a los más pequeños, cuando son apresados, oponen tal resistencia con las pezuñas, los cuerpos, el pico y las patas, que, con ello, manifiestan claramente el valor que otorgan al bien que les es arrebatado. Después, una vez cautivos, dan tantas señales aparentes del sentimiento de su desgracia que es hermoso ver cómo prefieren languidecer que vivir, sin jamás poder complacerse en la servidumbre, gimiendo continuamente por haber perdido su libertad. ¿Qué significa el gesto del elefante que, tras haberse defendido hasta el límite de sus posibilidades, ya sin esperanzas, a punto de ser apresado, aprieta las mandíbulas y rompe sus colmillos contra los árboles, sino que, llevado por el gran deseo que le inspira el seguir libre, como lo es por naturaleza, concibe la idea de comerciar con los cazadores y de comprobar si, por el precio de sus colmillos, podrá librarse y si su marfil, abandonado allí a modo de rescate, comprará su libertad? Asimismo, por mucho que cebemos al caballo desde que nace con el fin de acostumbrarlo a servir, por muchos cuidados y caricias que le prodiguemos, en el momento de domarlos, muerde el freno, o cocea cuando le clavamos la espuela. Con ello, no hace más que indicar, me parece, que, si accede a servir, no es de buen grado, sino obligado por la fuerza. ¿Qué más podemos añadir?...

Una vez, ocupando mi tiempo en rimar unos versos, escribí: "Incluso los bueyes gimen bajo el yugo, y los pájaros en jaula lloran...". No temo, al escribirte a ti, oh Longa, transcribir aquí esos versos míos, que jamás te leí, para que te pongas contento y me reconozcas su valor.

Así pues, ya que todo ser humano, consciente de su existencia, siente la desgracia de la sumisión y persigue la libertad; ya que los animales, hasta aquellos que fueron criados para el servicio del hombre, no pueden acostumbrarse a servir sino tras manifestar su protesta, ¿qué desventurado vicio pudo desnaturalizar al hombre, único ser nacido realmente para vivir libre, hasta el punto de hacerle perder el recuerdo de su estado original y el deseo de volver a él?

Hay tres clases de tiranos: unos poseen el Reino 14 gracias a una elección popular, otros a la fuerza de las armas y los demás al derecho de sucesión. Los que lo han adquirido por el derecho de la guerra se comportan, todo el mundo lo sabe, como en país conquistado. Los que nacen reyes no acostumbran a ser mucho mejores, sino que, por haber nacido y sido educados en el seno de la tiranía, sorben con la leche la naturaleza misma del tirano y consideran a los pueblos que les están sometidos como a siervos traspasados por herencia; además, según sus inclinaciones preferidas, se muestran avaros o pródigos y usan del Reino como de su propia herencia. Aquel que detenta el poder gracias al voto popular debería ser, a mi entender, más soportable y lo sería, creo, de no ser porque, a partir del momento en que asume el poder, situándose por encima de todos los demás, halagado por lo que se da en llamar grandeza, toma la firme resolución de no abandonarlo jamás. Acostumbra a considerar el poder que le ha sido confiado por el pueblo como un bien que debe transmitir a sus hijos. Ahora bien, a partir del momento en que él y sus hijos conciben esa idea funesta, es extraño comprobar cómo superan en vicios y crueldades a los demás tiranos. No ven mejor manera de consolidar su nueva tiranía sino incrementando la servidumbre y haciendo desaparecer las ideas de libertad con tal violencia que, por más que el recuerdo sea reciente, pronto se desvanece por completo en la memoria. Así pues, a decir verdad, veo claramente que hay entre ellos alguna diferencia, pero no veo elección posible entre ellos, pues, si bien llegan al trono por caminos distintos, su manera de reinar es siempre aproximadamente la misma. Los elegidos por el pueblo lo tratan como a un toro por domar, los conquistadores lo convierten en una presa sobre la que ejercen todos los derechos, y los sucesores lo tienen por un rebaño de esclavos que les pertenece por naturaleza.

A propósito, quisiera formular una pregunta: si, por ventura, nacieran hoy personas totalmente nuevas, que no estuvieran acostumbradas a la sumisión ni atraídas por la libertad, y que no supieran siquiera qué es ni la una ni la otra, si se les diera a elegir entre ser siervos o vivir en libertad, ¿qué preferirían? No cabe duda de que elegirían obedecer tan sólo a su propia razón que servir a un hombre, a no ser que sean como esos judíos de Israel que, sin coacción ni necesidad algunas, se entregaron a un tirano. No puedo leer la historia de ese pueblo sin sentir un gran despecho, que podría incluso llevarme a mostrarme inhumano con él, hasta el punto de alegrarme de todos los males que más tarde padecieron. Porque, para que los hombres, mientras quede en ellos algún vestigio de humanidad, se dejen someter, deben producirse de dos cosas una: o bien están obligados, o bien han sido engañados. Obligados ya sea por fuerzas extranjeras, como Esparta y Atenas por el ejército de Alejandro, ya sea por facciones, como cuando el gobierno de Atenas, en época anterior, cayó en manos de Pisístrato. Por engaño también pierden los hombres su libertad, pero, en tal caso, son con menos frecuencia seducidos por otro que por su propia ceguera. Así, el pueblo de Siracusa (antaño la capital de Sicilia), asediado por todas partes por el enemigo, sin pensar en otra cosa que en el peligro inmediato y sin prever el porvenir, eligió a Dionisio I y le dio el mando general de los ejércitos. No tuvo en cuenta a quién había otorgado tanto poder, de modo que ese astuto y habilidoso guerrero, al volver victorioso, como si no hubiera vencido al enemigo sino a sus propios conciudadanos, pasó a ser, primero, *capitán-rey* y, después, *rey-tirano*.

No es fácil imaginarse *hasta qué punto* un pueblo, sometido de esta forma por la astucia de un traidor, puede caer en el envilecimiento y hasta en tal olvido de sus derechos que ya será casi imposible despertarlo de su torpor para que vuelva a reconquistarlos, sirviendo con tanto afán y gusto que se diría, al verlo, que no tan sólo ha perdido la libertad, sino también su propia *servidumbre* para enfangarse en la más abotargante *esclavitud*. Es cierto que, al principio, se sirve porque se está obligado por la fuerza. Pero los que vienen después se acostumbran y hacen gustosamente lo que sus antecesores habían hecho por obligación.

Así, los hombres que nacen bajo el yugo, educados y criados en la servidumbre, sin mirar más allá, se contentan con vivir como nacieron y, sin pensar en tener otro bien ni otro derecho que el que encontraron, aceptan como algo natural el estado en que nacieron. No obstante, no hay heredero, por pródigo o despreocupado que sea, que no repase alguna vez los registros de su padre para comprobar si disfruta realmente de todos los derechos de sucesión y si nadie se ha apoderado de los que le corresponden a ellos o a sus antecesores.

Pero, en general, la costumbre, que ejerce tanto poder sobre nuestros actos, lo ejerce sobre todo para enseñarnos a servir: tal como cuentan de Mitrídates, quien se habituó a ingerir veneno, es la costumbre la que consigue hacernos tragar sin repugnancia el amargo veneno de la servidumbre. No puede negarse que la naturaleza es la que nos orienta ante todo según las buenas o malas inclinaciones que nos ha otorgado; pero hay que confesar que ejerce sobre nosotros menos poder que la costumbre, ya que por bueno que sea lo natural, si no se lo fomenta, se pierde, mientras que la costumbre nos conforma siempre a su manera, pese a nuestras inclinaciones naturales. Las semillas del bien, que la naturaleza deposita en nosotros, son tan frágiles que no pueden resistir al más mínimo impacto de las pasiones, ni a la influencia de una educación contraria. Tampoco se conservan muy bien, degeneran fácilmente, se funden y se convierten en nada, al igual que los árboles frutales, que, al tener todos su particularidad, conservan su especie mientras se los deja crecer naturalmente, pero que la pierden en seguida para dar otros frutos muy distintos en cuanto se les injerta. Las hierbas tienen también cada una su propiedad, su característica natural y su singularidad; sin embargo, el hielo, el tiempo, el terreno o la mano del jardinero, deterioran o mejoran, según los casos, su calidad; la planta que vimos en un lugar puede ser irreconocible en otro.

Quien haya visto en su casa a los venecianos, esas gentes que viven con tanta libertad que el más infeliz se negaría a ser rey y que, nacidos y educados todos de esta forma, no conocen otra ambición que la de conservar y fomentar la libertad; así enseñados y hechos desde la cuna, hasta el punto de que no cambiarían su libertad por todas las venturas terrenales, quien haya visto, pues, a esos hombres y viajara después a las tierras del que llamaremos gran señor, al encontrar allí a gentes que no nacieron más que para servirle y que, para mantener el poder de su amo, le han dedicado toda su vida, ¿pensaría acaso que unos y otros son de la misma naturaleza, o creería que, al salir de la ciudad de los hombres, ha entrado en un parque de animales?

Cuentan que Licurgo, el civilizador de Esparta, había criado a dos perros hermanos, amamantados con la misma leche, uno cebado en la cocina, el otro corriendo por los campos al son de la trompa y el cuerno. Al querer mostrar al pueblo lacedemonio que los hombres son tal como los hace su educación, expuso los dos perros en la plaza pública y colocó entre ellos un plato de sopa y una liebre. Uno corrió al plato de sopa y el otro a la liebre. "Sin embargo —dijo— son hermanos". Pues bien, ese legislador supo educar tan bien a los lacedemonios que cada uno de ellos habría preferido cien veces morir que reconocer a otras instituciones que las de Esparta.

Me complace recordar aquí unas palabras, que fueron las preferidas de Jerjes, el gran rey de los persas, acerca de los lacedemonios. Cuando Jerjes preparaba su gran ejército para la conquista de Grecia, envió a sus embajadores por las ciudades griegas a pedir *agua y tierra*: era la manera que tenían los persas de conminar las ciudades a que se rindieran. Pero se guardó mucho de enviarlos a Atenas, o a Esparta, porque los que su padre, Darío, había enviado con semejante intimación, fueron arrojados por los atenienses y los espartanos, unos a los fosos y otros a los pozos, con la orden de que tomasen de allí *el agua y la tierra* que deseaba su príncipe. Esas gentes no podían soportar que se atentara contra su libertad ni tan sólo con la palabra. No obstante, por haber actuado igual, los espartanos reconocieron que habían ofendido a sus dioses y, sobre todo, a Taltibio, el dios de los heraldos. Para calmar su ira, decidieron enviar a Jerjes dos de sus conciudadanos para que dispusiera de ellos a su antojo y vengara así en ellos la muerte de los embajadores de su padre. Dos espartanos, uno llamado Spertes y el otro Bulis, se ofrecieron como víctimas voluntarias. En efecto, se fueron y, en el camino, llegaron al palacio de un persa llamado Hidarnes, lugarteniente del rey para todas las ciudades costeras de Asia. Los recibió con muchos honores y, tras ofrecerles grandes banquetes y discursos de toda índole, les preguntó por qué rechazaban la amistad del rey. "Ved, espartanos —siguió diciéndoles—, por mi ejemplo, cómo honra el rey a los hombres de valor y creedme que, si estuviérais a su servicio, él haría lo mismo por vosotros. Si os conociera, no tardaríais en ser gobernadores de alguna ciudad de Grecia". "Hidarnes, no eres buen consejero —respondieron los lacedemonios—. Has probado, es cierto, el bienestar que nos prometes, pero ignoras por completo el que gozamos nosotros. Has probado los favores de un rey, pero no sabes cuán dulce es la libertad. ¡Oh, si tan sólo tuvieras una idea de lo que es, tú mismo nos aconsejarías defenderla, no ya con la lanza y el escudo, sino con los dientes y las uñas". Sólo los espartanos hablaron como había que hablar, pero lo cierto es que unos y otros hablaron según como habían sido educados. Porque era imposible que el persa lamentara una libertad que jamás tuvo, ni que el lacedemonio tolerara la sumisión tras conocer la libertad. Catón de Utica, aún niño y bajo las enseñanzas de su maestro, iba con frecuencia al palacio de Sila, el dictador, donde tenía entrada libre tanto por el rango de su familia como por el parentesco que los unía. Llevaba siempre consigo a su maestro, como tenían entonces por costumbre los niños bien nacidos de Roma. Veía que, en casa de Sila, en su presencia o por mandato suyo, se encarcelaba a unos, o se condenaba a otros, que unos eran desterrados y otros estrangulados, que se confiscaban los bienes de unos y a otros se los degollaba. En suma, todo ocurría no como en casa de un magistrado de la ciudad, sino como en casa de un tirano del pueblo; aquel no era el santuario de la justicia, sino un pozo de tiranía.

Así dijo entonces el pequeño a su maestro: "Dadme un puñal, que esconderé entre mis ropas. Entro a menudo en los aposentos de Sila antes de que se levante, y tengo el brazo lo bastante fuerte como para liberar a la ciudad de él". Éstas eran palabras realmente propias de un Catón. Fue éste el comienzo de una vida digna de su muerte. Y, aunque no se mencionara ni su nombre ni su país y se contara lo ocurrido tal como sucedió, el hecho hablaría por sí solo: podría afirmarse sin vacilar que era romano y que había nacido en Roma, cuando Roma era libre.

¿A propósito de qué todo esto? No pretendo en absoluto que el país y las circunstancias tengan algo que ver, puesto que, en todos los países, en todos los ambientes, es amarga la sumisión y placentera la libertad. Pero soy de la opinión que hay que compadecer a aquellos que, al nacer, se encontraron con el yugo al cuello; hay también que perdonarlos, o excusarlos, si, al no haber conocido el menor atisbo de libertad y al no haber oído jamás hablar de ella, no sienten la desgracia de ser esclavos.

Si hubiera un país, como refiere Homero de los cimerios, donde el sol se mostrara a los hombres bajo otro aspecto y, tras alumbrarlos durante seis meses, los dejara somnolientos en la oscuridad sin volver a visitarlos durante el resto del año, los que nacieran durante esa larga noche, si no hubieran oído hablar de la claridad, ¿acaso se sorprendería alguien de que, al no conocer la claridad, se acostumbraran a vivir en las tinieblas en que nacieron, sin desear la luz? Nadie se lamenta de no tener lo que jamás tuvo, y el pesar no viene jamás sino después del placer y consiste siempre en el conocimiento del mal opuesto al recuerdo de la alegría pasada. La naturaleza del hombre es ser libre y querer serlo. Pero también su naturaleza es tal que, de una forma natural, se inclina hacia donde lo lleva su educación.

Digamos, pues, que en el hombre, todas las cosas son naturales, tanto si se cría con ellas como si se acostumbra a ellas. Pero sólo le es innato aquello a lo que su naturaleza, en estado puro y no alterada, lo conduce. Así pues, la primera razón de la *servidumbre voluntaria* es la costumbre, al igual que los más bravos caballos rabones que, al principio, muerden el freno que, luego, deja de molestarlos y que, si antes coceaban al notar la silla de montar, después hacen alarde los arneses y, orgullosos, se pavonean bajo la armadura.

Se dice que ciertos hombres han estado siempre sometidos y que sus padres ya vivieron así. Pues bien, éstos piensan que les corresponde soportar el mal, se dejan embaucar y, con el tiempo, crean ellos mismos las bases de quienes los tiranizan. Pero el tiempo jamás otorga el derecho de hacer el mal, aumenta por el contrario la ofensa. Siempre aparecen algunos, más orgullosos y más inspirados que otros, quienes sienten el peso del yugo y no pueden evitar sacudírselo, quienes jamás se dejan domesticar ante la sumisión y quienes, al igual que Ulises, a quien nadie ni nada detuvo hasta volver a su casa, no pueden dejar de pensar en sus privilegios naturales y recordar a sus predecesores y su estado original.

Son éstos los que, al tener la mente despejada y el espíritu clarividente, no se contentan, como el populacho, con ver la tierra que pisan, sin mirar hacia adelante ni hacia atrás. Recuerdan también las cosas pasadas para juzgar las del porvenir y ponderar las presentes. Son los que, al tener de por sí la mente bien estructurada, se han cuidado de pulirla mediante el estudio y el saber. Éstos, aun cuando la libertad se hubiese perdido irremediablemente, la imaginarían, la sentirían en su espíritu, hasta gozarían de ella y seguirían odiando la servidumbre por más y mejor que se la encubriera.

El Gran Turco se dio cuenta de que los libros y la sana doctrina proporcionan a los hombres, más que cualquier otra cosa, el sentido de su dignidad como personas y el odio por la tiranía, de modo que no tiene en sus tierras a muchos sabios, ni tampoco los solicita. Y, en cualquier otro lugar, por elevado que sea el número de fieles a la libertad, su celo y el amor que le prodigan permanecen pese a todo sin efecto porque no logran entenderse entre ellos.

La libertad de actuar, hablar y de pensar les está casi totalmente vetada con el tirano y permanecen aislados por completo en sus fantasías. Así pues, Momo, el dios burlón, no se mofó demasiado del hombre que Vulcano había creado por no haberle puesto una ventanita en el corazón para que, por ella, pudiesen leerse sus pensamientos. Se cuenta que Bruto, Casio y Casca, cuando emprendieron la liberación de Roma, o, mejor dicho, del mundo entero, no quisieron que Cicerón, el gran celador del bien público (si alguna vez los hubo), participara. Estimaron su corazón demasiado vulnerable para tan arriesgada hazaña; confiaban en su voluntad, pero no en su valentía.

Sin embargo, quien quiera recordar la historia y consultar antiguos anales, comprobará que pocos fueron aquellos que, viendo a su país mal llevado y en malas manos, tomaron, con buenas, cabales y sinceras intenciones, la decisión de liberarlo y no llegaron hasta el final, y que la libertad los ha siempre favorecido. Harmodio, Aristogitón, Trasíbulo, Bruto *el viejo*, Valerio y Dión, quienes concibieron tan virtuoso proyecto, lo llevaron a cabo felizmente: en esos casos, casi nunca a buen deseo mala fortuna. Bruto *el joven* y Casio suprimieron con gran acierto la servidumbre, pero, poco después de devolver la libertad, murieron, no miserablemente (¡qué blasfemia sería decir que esos hombres pudieran morir, o vivir, miserablemente!), pero sí con gran perjuicio, desgracia y ruina para la República que fue, al parecer, enterrada con ellos. Las otras acciones emprendidas después contra los emperadores romanos no fueron más allá de conjuras urdidas por algunos ambiciosos o los que no hay que compadecer por las penas de que fueron víctimas.

Es evidente que lo que querían no era suprimir, sino cambiar de cabeza la corona, con la intención de echar al tirano, pero de conservar la tiranía. A ésos ni yo mismo les habría deseado suerte, y me alegro de que hayan mostrado con su ejemplo que no se debe abusar del santo nombre de libertad para llevar a cabo malas empresas.

Pero, volviendo al hilo de mi discurso, del que casi me había apartado, la primera razón por la cual los hombres sirven de buen grado es la de que nacen siervos y son educados como tales. De ésta se desprende otra: bajo el yugo del tirano, es más fácil volverse cobarde y apocado. Le estoy muy agradecido a Hipócrates, el padre de la medicina, quien así lo afirmó en uno de sus libros. *De las enfermedades*. Este buen hombre tenía sin duda buen corazón y bien lo mostró cuando el rey de Persia quiso atraerlo a su lado a fuerza de obsequios y ofrecimientos tentadores; él respondió francamente que le remordería la conciencia ponerse a curar a los bárbaros que querían matar a los griegos y servir con su arte al que proyectaba someter a Grecia.

La carta que le envió se encuentra hoy entre sus escritos y será para siempre un testimonio de su dignidad y de su noble naturaleza. Es cierto, por lo tanto, que, con la libertad, se pierde a la vez el valor. Las gentes sometidas no sienten ni alegría ni arrojo en el combate; van a la lucha casi como atados y entumecidos, como cumpliendo penosamente un deber impuesto. No sienten en su corazón el ardor de la libertad, que les hace despreciar el peligro y alimentar el deseo de alcanzar, aun a costa de su muerte, rodeado de sus compañeros de lucha, el honor y la gloria. Entre gente libre, en cambio, esos sentimientos se dan con creces, a cuál más, a cuál mejor, cada uno por el bien de todos, cada uno por sí. Todos saben que compartirán por igual los males de la derrota, o las recompensas de la victoria.

Pero las gentes sometidas, además del valor en el combate, pierden, en todas las demás cosas, la vivacidad y son presa del desánimo y la debilidad; se muestran incapaces de cualquier hazaña. Los tiranos lo saben y, conscientes de que éste es su punto flaco, no hacen más que fomentarlo.

Jenofonte, uno de los historiadores más dignos y apreciados entre los griegos, escribió un libro en el que hace hablar a Simónides con Hierón, tirano de Siracusa, de las miserias del tirano; este libro está lleno de buenas y graves amonestaciones de gran provecho para todos. ¡Ojalá todos los tiranos de la historia lo hubieran tenido ante los ojos a modo de espejo! Me gusta creer que no hubiesen reconocido en él sus propios vicios, ni sentido vergüenza alguna.

En este tratado, Jenofonte cuenta las penas que acosan a los tiranos, quienes, al sanar a todos, se ven llevados a temer a todos. Entre otras cosas, dice que los malos reyes contratan a tropas extranjeras porque ya no se atreven a poner armas en manos de sus súbditos, a los que han maltratado de mil maneras. Algunos buenos reyes, y más en otros tiempos que ahora, incluso en Francia, también contrataron a tropas extranjeras, pero con otra intención, la de preservar a los suyos, sin escatimar en gastos, con el único fin de poner a salvo a sus hombres.

Lo mismo opinaba Escipión (*el gran africano*, supongo), quien prefería salvar a un ciudadano que derrotar a cien enemigos. Pero lo cierto es que el tirano jamás piensa que su poder está del todo seguro hasta el momento en que, por debajo de él, no haya nadie con valor. Entonces, podría decírsele con razón lo que Trasón, según Terencio, decía al domador de elefantes: "¿Tan valiente te crees que has domado a bestias?".

Pero esa astucia de los tiranos, que consiste en embrutecer a sus súbditos, jamás quedó tan evidente como en lo que Ciro hizo a los lidios, tras apoderarse de Sardes, capital de Lidia, apresar a Creso, el rico monarca y hacerlo prisionero. Le llevaron la noticia de que los habitantes de Sardes se habían sublevado. Los habría aplastado sin dificultad inmediatamente; sin embargo, al no querer saquear tan bella ciudad, ni verse obligado a mantener un ejército para imponer el orden, se le ocurrió una gran idea para apoderarse de ella: montó burdeles, tabernas y juegos públicos, y ordenó que los ciudadanos de Sardes hicieran uso libremente de ellos. Esta iniciativa dio tan buen resultado que jamás hubo ya que atacar a los lidios por la fuerza de la espada. Estas pobres y miserables gentes se distrajeron de su objetivo, entregándose a todo tipo de juegos; tanto es así que de ahí proviene la palabra latina (para lo que nosotros llamamos *pasatiempos*) *Ludi* que, a su vez, proviene de Lydi. No todos los tiranos han expresado con tal énfasis su deseo de corromper a sus súbditos. Pero lo cierto es que lo que éste ordenó tan formalmente, la mayoría de los otros lo han hecho ocultamente. Y hay que reconocer que ésta es la tendencia natural del pueblo, que suele ser más numeroso en las ciudades: desconfía de quien lo ama y confía en quien lo engaña.

No creáis que ningún pájaro cae con mayor facilidad en la trampa, ni pez alguno muerde tan rápidamente el anzuelo como esos pueblos que se dejan atraer con tanta facilidad y llevar a la servidumbre por un simple halago, o una pequeña golosina. Es realmente sorprendente ver cómo se dejan ir tan aprisa por poco que se les dé coba. Los teatros, los juegos, las farsas, los espectáculos, los gladiadores, los animales exóticos, las medallas, las grandes exhibiciones y otras drogas eran para los pueblos antiguos los cebos de la servidumbre, el precio de su libertad, los instrumentos de la tiranía. Ese sistema, esa práctica, esos reclamos eran concebidos por los antiguos tiranos para embrutecer a sus súbditos y fortalecer el yugo. Los pueblos embrutecidos, entregados a esos pasatiempos y distraídos por un efímero placer que los deslumbraba, se acostumbraban así a servir tan neciamente (aunque peor) como a leer aprenden los niños pequeños con las imágenes iluminadas.

A los tiranos romanos se les ocurrió, además, otra cosa: celebrar a menudo los decemviros, cebando a esas pobres gentes embrutecidas y agasajándolas por el sistema, siempre fácil, de seducirlas mediante el paladar. El más inteligente jamás habría dejado su cuenco de sopa para recobrar la libertad de la *república de Platón*. Los tiranos se desprendían fácilmente de un cuarterón de trigo, un sextario de vino y un sestercio; por lo tanto, resultaba lamentable oír clamar "¡Viva el rey!" a los súbditos.

Los muy zafios no se daban cuenta de que no hacían más que reembolsarse parte de lo que era suyo, y que el tirano no habría podido obsequiarles esa mínima parte sin habérsela sustraído antes. Cualquiera de los que recogían el sestercio y se hartaban en los festines públicos, bendiciendo a Tiberio y a Nerón por su magnanimidad, podía, al día siguiente, verse obligado a entregar sus bienes para satisfacer la avaricia del tirano, a sus hijos para saciar su lujuria y hasta su sangre para alimentar la crueldad de aquellos espléndidos emperadores, y todo ello sin decir una palabra, ni mover un dedo.

El pueblo ha sido siempre así. Se muestra dispuesto y disoluto para el placer que se le brinda en forma deshonesta, e insensible al daño y al dolor que padece honestamente. No conozco a nadie ahora que, al oír hablar de Nerón, no tiemble tan sólo con el sonido del nombre de ese monstruo, esa inmunda y sucia bestia. Sin embargo, todo hay que decirlo, después de su muerte, tan repugnante como había sido su vida, el noble pueblo de Roma se llevó tal disgusto, al recordar sus juegos y festines, que estuvo a punto de llevar luto por él. Así lo escribió Cornelio Tácito, excelente historiador que merece toda nuestra confianza.

No deben extrañarnos tales extremos, en vista de lo que ese mismo pueblo hizo a la muerte de Julio César, quien había anulado todas las leyes y aplastado la libertad de Roma. En ese personaje no hubo, en mi opinión, nada que valiera la pena, pues su humanidad misma, que tanto se alaba, fue más lamentable aún que la crueldad del más salvaje tirano que jamás haya existido, porque, de hecho, fue esa venenosa bondad suya la que endulzó la servidumbre del pueblo.

Pero, después de su muerte, ese pueblo aún conservaba en el paladar el sabor de sus banquetes y, en el espíritu, el recuerdo de sus prodigalidades, y, para rendirle los honores fúnebres e incinerarlo, amontonó los bancos de la plaza pública para construir una hoguera, elevó una columna en su honor como al *Padre del pueblo* (así rezaba el capitel) y le rindió más honores, por muerto que estuviera, que los que hubiera debido rendir a cualquier otro hombre en el mundo, de no ser a aquellos que lo habían matado.

Los emperadores romanos no olvidaban asumir ante todo el título de tribuno del pueblo, tanto porque esa tarea era considerada santa y sagrada, como porque así estaba establecido para la defensa y protección del pueblo. Con el beneplácito del Estado, se aseguraban de este modo la confianza del pueblo, como si a éste le bastara con oír nombrar el título, sin sentir por ello sus efectos. Los de hoy no lo hacen mucho mejor, pues, antes de cometer algún crimen, aun el más indignante, lo hacen preceder de algunas hermosas palabras sobre el bien público y el bienestar de todos.

Porque ya conoces muy bien, oh Longa, la fórmula de la que han hecho uso con tanta frecuencia y con tanta sutileza. Pero, en la mayoría de los casos, no podía haber sutileza en sus actos, tanta era su desvergüenza. Los reyes de Asiria, y después los de Media, no aparecían en público sino al anochecer, con el fin de que el populacho creyera que en ellos había algo sobrehumano y de crear esta ilusión en aquellos que alimentaban su imaginación con cosas que jamás habían visto. Así, todas las naciones que estuvieron largo tiempo sometidas al imperio asirio se acostumbraron a servir gracias a este misterio. Y obedecían más a gusto al no saber a qué amo servían, ni tan sólo si ese amo existía. De modo que vivían en el temor de alguien a quien nadie había visto jamás.

Los primeros reyes egipcios no aparecían en público sin llevar un gato, o una rama, o un haz de fuego sobre la cabeza; así ataviados, pasaban a ser algo así como ilusionistas. Con ello, por extraño que parezca, conseguían hacerse respetar y admirar por sus súbditos y por gentes que, de no ser tan necias o de no estar tan embrutecidas, se habrían burlado y reído.

Es realmente lamentable oír hablar de lo que hacían los tiranos del pasado para consolidar su tiranía y de las pequeñas astucias a las que recurrían, encontrando siempre al pueblo tan dispuesto a todo que no tenían más que tender la red para que cayera en ella. Lo enredaron con tanta facilidad que jamás se sometió mejor como cuando más lo engatusaron.

¿Y qué diré de otra patraña que los pueblos antiguos tomaron por verdad absoluta? Creyeron firmemente que el pulgar de Pirro, rey de los epirotas, era milagroso y curaba a los enfermos del bazo. Enriquecieron aún más ese cuento añadiendo que aquel dedo, tras haberse consumido el cuerpo en el fuego, había sido encontrado intacto entre las cenizas. El pueblo ha elaborado siempre de este modo engañosas fantasías para, después, creer en ellas a ciegas. Muchos autores las han transcrito y recogido en sus libros, de tal manera que puede verse con facilidad que las han sacado de la leyenda popular callejera.

Vespasiano, al volver de Asiria y pasar por Alejandría para dirigirse a Roma con el fin de hacerse con el imperio, realizó milagros. Enderezó a los cojos, devolvió la vista a los ciegos y así muchas cosas más que no podrían ser creídas, en mi opinión, más que por tontos aún más ciegos que aquellos a quienes se pretendía curar.

Incluso los tiranos encontraban muy extraño que los hombres pudiesen soportar que uno solo los maltratara. Iban con la religión por delante, a modo de escudo, y, de ser posible, se adjudicaban algún rasgo divino para dar mayor autoridad a sus viles actos. Salmóneo, según la sibila de Virgilio, por haberse burlado del pueblo ante el que intentó hacerse pasar por Júpiter, se encuentra en los infiernos, "castigado con terrible rigor por haber intentado remedar los rayos y los truenos. Montado en un carro de cuatro caballos y blandiendo un hachón encendido, corría ufano por los pueblos de Grecia y por la ciudad de Elida exigiendo para sí la adoración debida a los dioses. ¡Insensato! Pretendía remedar, con unas ruedas de bronce y con el ímpetu de los caballos, las tempestades y el trueno inimitable. Pero el omnipotente padre, a través de las espesas nubes, lanzóle un rayo (no echó mano de vanas antorchas y humosas teas como Salmóneo) y, tras envolverle en un denso torbellino, lo precipitó en el abismo".

Si el que no fue sino un necio se encuentra ahora en los infiernos, creo que los que han abusado de la religión para hacer el mal, encontrarán allí, con mayor razón, el justo castigo a sus actos.

Nuestros tiranos también sembraron en Francia fantasías y fetiches, como *sapos*, *flores de lis*, la *ampolla* y la *oriflama*. Todas ellas son supersticiones en las que aún me resisto a creer, ya que ni nosotros ni nuestros antepasados hemos tenido hasta ahora ocasión alguna de probar lo contrario.

Hemos tenido a reyes tan buenos en la paz como valientes en la guerra que, aunque nacieran reyes, al parecer, la naturaleza los conformó distintos a los demás y a quienes Dios todopoderoso eligió antes de nacer para destinarlos al gobierno y a la salvaguarda del reino. Y, aun cuando no existieran tales excepciones, no entraré en discusión para debatir la verdad de nuestra historia, ni desmenuzarla con el fin de no desvirtuar tan sugerente tema, en el que podrán lucirse aquellos autores que se ocupan de la poesía francesa, ahora no sólo en franca mejora, sino, por decirlo así, puesta al día gracias a poetas como Ronsard, Baïf, Du Bellay, quienes en este arte hacen avanzar tanto nuestra lengua que me atrevo a esperar que pronto no tendremos nada que envidiar a los griegos ni a los latinos sino tan sólo su derecho de primogenitura.

Y, sin duda, perjudicaría nuestra rima (y uso gustoso esta palabra, ya que, si bien algunos la han convertido en algo mecánico, veo, sin embargo, a bastantes que aún están dispuestos a ennoblecerla y devolverle su brillo original) si la privara de los hermosos cuentos del rey Clodoveo, en los que veo ya, me parece, cómo se entretuvo, complacida, la vena poética de nuestro Ronsard en su *Franciada*.

Presiento su alcance, conozco la gracia de su estilo. Sacará provecho de la oriflama como los romanos de sus ancillas, así como de los *escudos caídos del cielo* de los que habla Virgilio. Cuidará de nuestra *ampolla*, como los atenienses lo hicieron del cesto de Erisicto; hará que se hable de nuestros ejércitos como ellos de los suyos que, según aseguran, se encuentran aún en la torre de Minerva, por supuesto, sería temerario por mi parte querer desmentir nuestros fabulosos libros y barrer el terreno de nuestros poetas.

Pero, volviendo al tema que nos ocupa y del que me aparté no recuerdo muy bien cómo, ¿acaso no es hoy evidente que los tiranos, para consolidarse, se han esforzado siempre por acostumbrar al pueblo, no sólo a la obediencia y a la servidumbre, sino también a una especie de devoción por ellos? Todo lo que he dicho hasta aquí sobre los sistemas empleados por los tiranos para someter a las gentes no sirve sino para los ignorantes y los serviles.

Llego ahora a un punto que, creo, es el resorte y el secreto de la dominación, el sostén y el fundamento de la tiranía. El que creyera que son las alabardas y la vigilancia armada las que sostienen a los tiranos, se equivocaría bastante. Las utilizan, creo, más por una cuestión formal y para asustar que porque confíen en ellas. Los arqueros impiden, por supuesto, la entrada al palacio a los andrajosos y a los pobres, no a los que van armados y parecen decididos.

Sería sin duda fácil contar cuántos emperadores romanos escaparon a algún peligro gracias a la ayuda de sus arqueros y los que fueron asesinados por sus propios guardias. Ni la caballería, ni la infantería constituyen la defensa del tirano. Cuesta creerlo, pero es cierto. Son cuatro o cinco los que sostienen al tirano, cuatro o cinco los que imponen por él la servidumbre en toda la nación.

Siempre han sido cinco o seis los confidentes del tirano, los que se acercan a él por su propia voluntad, o son llamados por él, para convertirse en cómplices de sus crueldades, compañeros de sus placeres, rufianes de sus voluptuosidades y los que se reparten el botín de sus pillajes. Ellos son los que manipulan tan bien a su jefe que éste pasa a ser un hombre malo para la sociedad, no sólo debido a sus propias maldades, sino también a las de ellos.

Estos seis tienen a seiscientos hombres bajo su poder, a los que manipulan y a quienes corrompen como han corrompido al tirano. Estos seiscientos tienen bajo su poder a seis mil, a quienes sitúan en cargos de cierta importancia, a quienes otorgan el gobierno de las provincias, o la administración del tesoro público, con el fin de favorecer su avaricia y su crueldad, de ponerla en práctica cuando convenga y de causar tantos males por todas partes que no puedan mover un dedo sin consultarlos, ni eludir las leyes y sus consecuencias sin recurrir a ellos.

Extensa es la serie de aquéllos que siguen a éstos. El que quiera entretenerse devanando esta red, verá que no son seis mil, sino cien mil, millones los que tienen sujeto al tirano y los que conforman entre ellos una cadena ininterrumpida que se remonta hasta él. Se sirven de ella como Júpiter quien, según Romero, se vanagloriaba de que, si tirara de la cadena, se llevaría consigo a todos los dioses.

De ahí provenían el mayor poder del senado bajo Julio César, la creación de nuevas funciones, la institución de cargos, no, por supuesto, para hacer el bien y reformar la justicia, sino para crear nuevos soportes de la tiranía. En suma, se llega así a que, gracias a la concesión de favores, a las ganancias, o ganancias compartidas con los tiranos, al fin hay casi tanta gente para quien la tiranía es provechosa como para quien la libertad sería deseable.

Según los médicos, aunque nuestro cuerpo no sufra daño alguno, en cuanto en algún lugar se manifiesta una dolencia, todos los males se centran en el punto corrompido. Asimismo, en cuanto un rey se declara tirano, todo lo malo, toda la hez del reino —y no me refiero a ese montón de ladronzuelos y desorejados, que no pueden hacer ni mal ni bien en un país, sino a los que están poseídos por una incontenible ambición y una incurable avaricia— se agolpa a su alrededor y lo mantiene para compartir con él el botín y, bajo su grandeza, convertirse ellos mismos en pequeños tiranos.

Así actúan también los grandes ladrones y los célebres corsarios: unos recorren el país mientras otros asaltan a viajeros; unos permanecen emboscados y otros al acecho; unos masacran mientras otros saquean. Si bien están igualmente estructurados en jerarquías, nadie de entre ellos, desde el más simple criado hasta los jefes, queda, al fin y al cabo, fuera del reparto, si no del botín más sustancioso, sí al menos de lo que se ha encontrado.

Se dice que los piratas de Cilicia no sólo se unieron tantos que hubo que enviar contra ellos a Pompeyo *el grande*, sino que, al unirse, consiguieron firmar alianzas con varias grandes ciudades, en cuyos puertos se refugiaban tras cada incursión y a las que, a modo de recompensa, cedían parte del botín.

Así es como el tirano somete a sus súbditos, a unos por medio de otros. Está a salvo gracias a aquellos de quienes debería guardarse si ya no estuvieran corrompidos. Pero, tal como suele decirse, para cortar leña, hay que emplear cuñas de la misma madera. Contemplad a sus arqueros, a sus guardias y a sus alabarderos; no es que no padezcan ellos mismos de la opresión del tirano, sino que esos malditos por Dios y por los hombres se limitan a soportar el mal, no para devolverlo a quien se lo causa a ellos, sino para hacerlo a los que padecen como ellos y no pueden hacer nada.

Sin embargo, cuando pienso en esa gente que adula al tirano para sacar provecho de su tiranía y de la servidumbre del pueblo, quedo estupefacto a la vez ante su maldad y su necedad. Pues, a decir verdad, acercarse al tirano, ¿acaso es otra cosa que alejarse de la libertad y, por decirlo así, abrazar voluntariamente la servidumbre?

Que dejen de lado su ambición y se descarguen de su avaricia, que se miren a sí mismos y se reconozcan, y verán claramente que las gentes del campo, a quienes pisotean y tratan peor que a presidiarios o esclavos, son, no obstante, más felices y más libres que ellos. El labrador y el artesano, por muy sometidos que estén, quedan en paces al hacer lo que se les manda, mientras que el tirano ve a los que lo rodean acechar y mendigar sus favores.

No basta con hacer lo que les ordena el tirano, sino que deben pensar lo que él quiere que piensen y, a menudo, para complacerlo, deben incluso anticiparse a sus deseos. No están solamente obligados a obedecer, sino que deben también complacerlo, doblegarse a sus caprichos, atormentarse, matarse a trabajar en sus asuntos, gozar de sus mismos placeres, sacrificar sus gustos al suyo, anular su personalidad, despojarse de su propia naturaleza, estar atentos a sus palabras, a su voz, a sus señales y a sus guiños, no tener ojos, pies ni manos como no sea para adivinar sus más recónditos deseos, o sus más secretos que se pertenecen a sí mismos. Y, como si nadie pudiera tener nada propio bajo el yugo del tirano, quieren apropiarse de los bienes sin recordar que ellos mismos son los que brindan al tirano el poder de quitarlo todo a todos y de negar a todos la posibilidad de tener algo que sea suyo. Saben, no obstante, que nada ata más a los hombres a su crueldad que los bienes; que no hay contra él crimen alguno digno de muerte más que la independencia, o *disponer de algo*; que no ambicionan más que la riqueza y que se la toman de preferencia con los ricos, quienes, sin embargo, se presentan ante el tirano como un rebaño ante el carnicero, pletóricos y rechonchos, para excitar más aún su voracidad.

Esos favoritos no deberían recordar tanto a los que han juntado muchos bienes gracias a los tiranos como a los que, tras haberlos juntado un tiempo, después han perdido los bienes y la vida; parecen ignorar que, si bien muchos han acumulado riquezas, pocos las han conservado. Releyendo todas las historias de la Antigüedad, reflexionando sobre aquellas que acuden a nuestra memoria, veremos cuán numerosos son los que, tras haberse ganado con malas artes la confianza del príncipe, ya sea fomentando su maldad, ya sea abusando de su simpleza, acabaron aplastados por ese mismo príncipe.

Cuanto más fácil fue su ascensión en los favores del tirano, menos sabiduría tuvieron para conservarlos. De la cantidad de gente que siempre ha frecuentado la corte de los malos reyes, pocos, o ninguno, han podido eludir al fin la crueldad del tirano al que, antes, habían azuzado contra los demás. En la mayoría de los casos, tras haberse enriquecido a la sombra de sus favores y a costa de otros, terminan ellos mismos por enriquecer a otros.

Incluso los hombres de bien, si es que alguna vez hubo hombre de bien amado por el tirano, por mucho que goce de este privilegio y por muy brillantes que sean su virtud y su integridad —que siempre, vistas de cerca, inspiran hasta a los malos cierto respeto—, no podían estar por mucho tiempo en la corte del tirano; tenían por fuerza que sentir en su propia piel el mal que afectaba a todos y, a costa de sí mismos, pasar por las desventuras de la tiranía.

Podemos citar ejemplos: Séneca, Burro, Trasea, tres hombres de bien, sobre dos de los cuales, Séneca y Burro, recayó el infortunio de que el tirano les confiara el control de sus asuntos: los dos fueron apreciados y amados por él; uno de ellos había sido incluso su preceptor y maestro y, como prenda de su amistad, tenía el recuerdo de los cuidados que le había prodigado en su infancia.

Pero el ejemplo de esos tres hombres, cuya suerte fue tan cruel, ¿ya no basta para probar la escasa confianza que pueden inspirar los malos amos? Y, de hecho, ¿qué amistad puede esperarse del que tiene el corazón tan duro que odia a todo un reino (que, paradójicamente, le obedece dócilmente) y de un ser que, por no saber amar, destruye así paulatinamente su propio imperio?

Si alguien opinara que Séneca, Burro y Trasea fueron víctimas del tirano por haber sido buenos, que investigue lo que sucedía en la corte de Nerón: comprobará que los que obtuvieron sus favores y se mantuvieron por malas artes tampoco duraron mucho más. ¿Quién ha oído hablar de amor más desprendido y de afecto más obstinado, quién ha leído jamás algo semejante a la constante y entregada dedicación de Nerón a Popea? Pues bien, ¿acaso no la envenenó él mismo?

Agripina, su madre, mató a su marido Claudio para entregarle el imperio, hizo todo lo posible para favorecerlo y cometió, para conseguirlo, todo tipo de crímenes. No obstante, su propio hijo, fruto de sus entrañas, aquel a quien ella misma había colocado a la cabeza del imperio, tras haberla traicionado varias veces, finalmente le quitó la vida; nadie se atrevió a afirmar entonces que no merecía semejante castigo, que, en cambio, habría recibido la aprobación de todos de habérselo infligido otro.

¿Quién fue más fácil de manejar, más simple y, por decirlo así, más tonto que Claudio, el emperador? ¿Quién llevó más cuernos de su mujer que Claudio de Mesalina? No obstante, la entregó al verdugo. Los tiranos tontos siguen siendo tontos cuando se trata de hacer el bien, pero no sé cómo, al fin, por poca lucidez de que dispongan, acaban empleándola para cometer alguna crueldad.

Es harto conocido el comentario de Calígula, quien, al contemplar el cuello desnudo de su mujer, a quien adoraba, y sin quien parecía no poder vivir, la acarició pronunciando estas edificantes palabras: "Este hermoso cuello podría ser degollado si así lo ordenara".

He aquí por qué la mayoría de los tiranos de la Antigüedad solían morir por manos de sus propios favoritos, quienes, tras conocer la naturaleza de la tiranía, no se sentían seguros de los caprichos del tirano y temían su poder. Así fue asesinado Domiciano por Estéfano, Cómodo por una de sus amantes, Antonino por Macrino, y así casi todos los demás.

Ésta es la razón por la que un tirano jamás es amado, ni ama él mismo jamás. La amistad es algo sagrado, no se da sino entre gentes de bien que se estiman mutuamente, no se mantiene tan sólo mediante favores, sino también mediante la lealtad y una vida virtuosa. Lo que hace que un amigo esté seguro del otro es el conocimiento de su integridad. Tiene como garantía de ello la naturaleza de su carácter amable, su confianza y su constancia. No puede haber amistad donde hay crueldad, deslealtad, injusticia. Cuando se juntan los malos, siempre hay conspiraciones, jamás una asociación amistosa. No se aman, se temen: no son amigos, sino cómplices.

Ahora bien, aunque esto no sea un obstáculo, sería difícil encontrar en la vida de un tirano una sólida amistad, ya que, al estar por encima de todos y no tener iguales, se sitúa más allá de los límites de la amistad, que sólo se da en la más perfecta equidad, cuya evolución es siempre igual y en la que nada se enturbia.

He aquí por qué, entre los ladrones, se produce, al parecer, cierta buena fe en el reparto del botín, porque se sienten iguales y compañeros y, si no se quieren entre sí, sí al menos se temen y saben perfectamente que, si no estuvieran unidos, su fuerza se debilitaría. En cambio, los favoritos del tirano jamás pueden estar seguros de serlo, porque ellos mismos le han demostrado que lo puede todo y que ningún derecho ni deber alguno lo obliga a nada, de modo que el tirano pasa a creer que sus caprichos son su única razón, que ninguno de sus favoritos, por lo tanto, puede ser su amigo y que no tiene más remedio que convertirse en el amo de todos.

Así pues, es de lamentar que, ante tantos y tan claros ejemplos y ante tan cercano peligro, nadie quiera aprovechar esas experiencias pasadas, que tanta gente se aproxime aún gustosa al tirano y que no haya nadie lo bastante perspicaz y atrevido como para decirle lo que le dijo, según narra el cuento, el zorro al león que se hacía pasar por enfermo: "Vendría de buena gana a verte a tu madriguera, pero veo muchas huellas de animales que van en dirección a ella y ninguna que vuelva".

Estos miserables ven resplandecer los tesoros del tirano, admiran boquiabiertos su esplendor y, atraídos a su vez por su magnificencia, se aproximan a él sin caer en la cuenta de que se meten en la llama que inexorablemente los consumirá. Así, el sátiro indiscreto, según antiguas fábulas, al ver arder el fuego sustraído por Prometeo, lo encontró tan bello que fue a besarlo y se quemó.

Así también la mariposa que, deseosa de gozar, se metió en el fuego porque la atraía el resplandor de su llama y descubrió ese otro atributo del fuego que es el de quemar, según cuenta Lucano, el poeta toscano. Pero, suponiendo que esos individuos escapen a la influencia de aquel a quien sirven, jamás se salvan del que lo sucederá.

Si es bueno, en seguida se darán cuenta de ello y deberán entrar en razón. Si es malo y parecido a su antecesor, éste no dejará de rodearse a su vez de sus propios favoritos, quienes, a su vez también, no se contentarán con ocupar el lugar de sus predecesores sin disponer ellos también de sus bienes y privilegios.

¿Cómo puede alguien, conocedor de esos peligros y de la inestable seguridad con la que puede contar, aún aspirar a ocupar lugar tan frágil y malhadado y a servir, con riesgo de su vida, a amo tan peligroso? ¿Qué peso y qué martirio, Dios mío, dedicarse día tras día y noche tras noche a complacer a un solo hombre y, al mismo tiempo, temerle más que a cualquier otra persona en el mundo; estar siempre al acecho, el oído atento para poder averiguar a tiempo de dónde vendrá el golpe, para detectar las dificultades, espiar los gestos de sus propios compañeros y descubrir de antemano a los que traicionan a su amo; reírles todas las gracias y, sin embargo, temerlos a todos, no tener enemigo declarado ni amigo seguro alguno, vivir siempre con expresión de alegría, mientras el alma vive en vilo, sin poder jamás estar contento ni atreverse a mostrarse triste.

Pero es curioso examinar lo que les queda tras tan gran tormento y lo que pueden esperar a cambio de su desgracia y de tan miserable existencia. En general, el pueblo no acusa al tirano de los males que padece, sino a los que lo gobiernan. El pueblo, la nación entera, todos, hasta los campesinos y los labradores, conocen sus nombres, descubren sus patrañas, lanzan contra ellos mil ultrajes, mil insultos, mil maldiciones.

Todas sus oraciones, todas sus voces se elevan contra ellos; todas las plagas, todas sus desgracias y toda su miseria se las atribuyen a ellos. Y, si alguna vez les rinden en apariencia algún homenaje, en el fondo, los están maldiciendo y sienten ante ellos más temor que ante un animal salvaje.

Ésta es la gloria, éste es el honor que reciben por sus servicios al pueblo; aunque cada súbdito consiguiera arrancarle un pedazo de su cuerpo, no se daría (al menos eso creo) por satisfecho, ni la mitad de su desgracia se daría por saciada, ni tan sólo después de su muerte.

Y, aun cuando esos tiranos hayan desaparecido, los que le sobreviven siguen ennegreciendo de mil maneras la historia de esos "come-pueblos".

Su reputación queda ya definitivamente difamada en los libros, y sus huesos son, por así decirlo, arrastrados en el fango por la posteridad, recibiendo así un merecido castigo aun después de su muerte.

Aprendamos pues de una vez, aprendamos a obrar bien. Miremos al cielo y, tanto por nuestra dignidad como por simple amor a la virtud, dirijámonos a Dios todopoderoso, honrado testigo de nuestros actos y justo juez de nuestras faltas. Por mi parte, pienso —y creo no equivocarme— que no hay nada más contrario a Dios, tan bondadoso y justo, que la tiranía. En lo más hondo de los abismos, Él reserva sin duda a los tiranos y a sus cómplices un terrible castigo.

***

NOTA EDITORIAL

La fuerza provocadora de la idea central expuesta en el Discurso sobre la servidumbre voluntaria *(Francia, 1574) no ha perdido vigencia con el paso del tiempo. Aunque resultaría anacrónico etiquetarla como anarquista, su planteamiento continúa influyendo en las corrientes libertarias que cuestionan el fundamento de la autoridad.*

En esta obra temprana, Étienne de la Boétie intenta comprender el sorprendente y doloroso triunfo de las tiranías de su época. En lugar de centrar su análisis en la figura del tirano, como era habitual, decide examinar la actitud de quienes viven sometidos. Así formula una interrogante tan incómoda como profunda: "¿cómo puede ser que tantos hombres, tantos pueblos, tantas ciudades, tantas naciones soporten a veces a un tirano solo, que solo tiene el poder que le dan?". Para eludir la censura, recurre a ejemplos tomados de la Antigüedad.

pequeños
pretéritos

son textos del pasado,
olvidados, quemados y escondidos,
que desafían el presente.
Textos incendiarios
contra toda forma de dominación.

PEQUEÑOS PRETÉRITOS
genealogías libertarias de un pasado como ruptura

01 | Étienne de la Boétie
Discurso sobre la servidumbre voluntaria

CALUMNIA

La primera edición de este libro se publicó el día
15 de abril de 2026.